27
Ln 14304
A.

AF438309

LETTRE

AU JOURNAL FRANÇAIS DE FRANCFORT

L'EUROPE

PAR

MIRÈS

———◇———

PARIS

IMPRIMERIE VALLÉE, 15, RUE BREDA.

—

1863

LETTRE

AU JOURNAL FRANÇAIS DE FRANCFORT

L'EUROPE

PAR

J. MIRÈS

BIBLIOTHÈQUE IMPÉRIALE IMPR.

PARIS

IMPRIMERIE VALLÉE, 15, RUE BREDA.

1863

LETTRE

AU JOURNAL FRANÇAIS DE FRANCFORT

L'EUROPE

PAR

J. MIRÈS

MONSIEUR LE RÉDACTEUR,

Vous avez raconté l'acte de violence qui a été accompli contre moi, par les ordres et sous les yeux de M. A. Chevalier, dans les bureaux mêmes du *Constitutionnel*.

Votre correspondant, évidemment trompé par des renseignements inexacts ou intéressés, a dit que cet acte avait été précédé ou provoqué par une scène de violence que j'aurais eue avec M. Chevalier. Non,

Monsieur, il n'y a eu aucune espèce de provocation ni même de discussion. L'acte odieux dont j'ai été victime, l'outrage sanglant qui m'a été fait est inexcusable à tous les points de vue ; il n'est justifié par rien, absolument rien, car, je le répète, il n'a été précédé d'aucune explication, il s'est produit brutalement, avec une audace telle, qu'on ne sait si on doit l'attribuer à la folie ou à l'indignité.

Le fait a paru si extraordinaire, que quelques personnes en ayant cherché la cause, ont été si loin dans l'exagération de leur pensée, qu'elles ont supposé que, par cette violence outrageante, on avait essayé de m'exaspérer pour m'amener à commettre un acte de rébellion contre un agent de la force publique, de façon à me placer dans un cas de flagrant délit; cas spécialement prévu par une loi nouvelle, dont le caractère a été défini par un député qui l'a qualifiée de *justice subite*.

Vous comprenez, Monsieur, que je ne m'arrête pas à cette supposition ridicule, je ne fais que l'indiquer comme une interprétation donnée à un acte vraiment incompréhensible.

Quant au récit de cet événement que vous avez inséré, quelqu'inexact qu'il soit, je l'aurais laissé sans réponse, parce qu'avant de recourir soit à la publicité, soit à une réparation directe et personnelle, j'attendais une satisfaction d'une autre nature ; mais un avis inséré dans le journal l'*International*, et reproduit par la *Presse* et la plupart des journaux, m'oblige à rompre le silence et à faire connaître la vérité ; voici cet avis :

« L'*International* annonce que M. Aug. Chevalier, directeur
» du *Constitutionnel* et du *Pays*, a donné sa démission ; ces
» deux journaux passeraient aux mains de MM. Mirès, et
» M. D'Anchald en reprendrait la gérance. »

Veuillez remarquer la perfidie de cette note.

D'abord, il semble, n'est-ce pas, que M. Chevalier a donné sa démission d'administrateur-sequestre ; or, il n'en est rien, puisqu'à ce titre il relève des tribunaux et tient ses pouvoirs d'une ordonnance que j'ai sollicitée. Certainement si sa retraite comme directeur politique avait été demandée, sa démission adressée au Ministre de l'Intérieur eût été judicieuse, mais en qualité d'administrateur-sequestre, il ne relève nullement du Ministre de l'Intérieur. Si M. Chevalier avait voulu se dessaisir des fonctions de sequestre, il n'avait qu'à accepter l'offre qui lui a été faite de solliciter, conjointement avec lui, une ordonnance de justice qui l'eût dégagé ; il pouvait même la provoquer.

Il n'a rien fait de semblable ; par conséquent sa démission, adressée au Ministre, qui n'a pas le droit de la recevoir et de le dégager, n'a aucun caractère sérieux ; ce n'est qu'un moyen pour M. Chevalier de dissimuler à l'égard de l'opinion publique la situation plus qu'étrange qu'il a prise ou acceptée dans cette affaire.

La note dit ensuite « que les journaux vont rentrer » dans les mains de M. Mirès, sous la gérance de M. le » vicomte d'Anchald. »

Que signifient ces mots : « Dans les mains de M. Mirès ? »

Évidemment cela ne serait possible qu'avec l'autorisation du gouvernement, et M. Chevalier sait mieux que personne que cette autorisation n'a pas été donnée, qu'elle n'a même pas été demandée ; il sait, au contraire, que je voulais rester étranger à ces journaux, puisque c'est à lui-même que j'ai offert de vendre la gérance ; offre que M. Chevalier avait d'abord acceptée et qu'ensuite il repoussa, parce qu'il espérait obtenir gratuitement ladite gérance.

Si je ne puis disposer des journaux, soit comme directeur politique, soit comme rédacteur en chef, nulle autorisation n'ayant été demandée, ni donnée, ce ne sera pas comme gérant que je parviendrai à y dominer, puisque M. d'Anchald conserve cette fonction, et que la raison sociale est d'Anchald et Compagnie.

Si dans cette note rien n'est vrai, quel en est donc le but ? Hélas ! égarer l'opinion publique, inquiéter certains esprits ; préparer dans certaines régions un accroissement de malveillance contre moi, en faisant craindre que les journaux rentrant dans mes mains ne deviennent un instrument employé à satisfaire de prétendues vengeances, contre les gens qui depuis si longtemps me persécutent.

Voilà, Monsieur le rédacteur, la pensée qui a présidé à la rédaction de cette note, pensée perfide qui a pour but de tromper, de surprendre la bonne foi du nouveau Ministre de l'Intérieur, de continuer à mon égard le système de calomnies suivi depuis longtemps, calomnies qui, bien malheureusement pour tous, semblent avoir trouvé, dans une région élevée, une fort regrettable créance. Ces odieux désirs de vengeance, qu'une malveillance acharnée me prête si gratuitement et si méchamment, n'ont, je le jure, aucun accès dans mon âme ; j'ai des vivacités et même des colères, causées par les procédés indignes et les injustices dont je suis l'objet ; mais préméditer et faire le mal est complétement antipathique à ma nature ; aussi, je le déclare hautement,

je ne recherche aucune vengeance ; les malheurs qui
m'ont accablé sont bien grands ; mais j'aspire à autre
chose qu'à nuire ; mon ambition est plus noble, plus
élevée, elle est toute concentrée dans le désir chaque jour
plus ardent de travailler à réparer les ruines qu'on a
faites et dont les actionnaires de la Caisse des Chemins
de Fer sont victimes. Nul ne l'ignore, ces ruines, je n'en
suis pas responsable, car, lorsque les poursuites pro-
voquées par M. de Pontalba ont commencé, le capital
social disponible ou en excellentes valeurs dépassait cin-
quante millions. Vous savez aussi qu'au mois de mai 1862,
le prêt d'Etat de deux cent millions que je voulais faire,
et qui était destiné à la Turquie, m'aurait encore permis
de retrouver le capital, que le procès Pontalba a anéanti.

Par le but que je poursuis, vous pouvez aprécier mes
sentiments, et juger s'il est possible qu'il y ait dans mon
cœur une pensée de vengeance, pensée qui serait la né-
gation, la condamnation absolue de mes espérances les
plus chères, des espérances auxquelles je sacrifierais ma
vie. Un pareil sentiment ne m'enlèverait-il pas un concours
indispensable pour accomplir mon projet et sauver de la
ruine des milliers de familles, actionnaires de la Caisse
des Chemins de fer ? Quand les calomnies dont je suis
l'objet peuvent avoir des conséquences si graves, ne
dois-je pas, je vous le demande, ressentir le plus profon'

mépris contre les hommes qui, en propageant des bruits mensongers, méconnaissent mon caractère pour aggraver ma situtation, nuire à mes actionnaires ; en un mot, pour me perdre, et parvenir ainsi plus facilement à leur but ?

Je trouve la double preuve de ces tendances dans la note que j'ai reproduite plus haut, et dans le récit que vous avez inséré ; car la correspondance et la note semblent avoir la même origine.

Mais puisque mes ennemis, par leur persistance à me persécuter, me mettent dans la nécessité de m'expliquer sur les circonstances dans lesquelles s'est produite *mon exclusion des bureaux* du *Constitutionnel,* je le fais, et j'y mettrai une telle modération que, j'en suis convaincu, vous n'hésiterez pas à publier ma lettre.

En 1852, j'ai acheté la gérance et la direction politique du *Constitutionnel* moyennant 1,180,000 francs. J'ai conservé cette propriété jusqu'en 1861, époque où le procès qui m'a été intenté m'a mis dans l'obligation de me faire remplacer par M. d'Anchald.

En 1862, des difficultés survenues entre M. d'Anchald et M. le Ministre de l'Intérieur avaient décidé ce dernier à imposer M. Chevalier comme directeur politique des journaux *le Constitutionnel* et *le Pays.* Un traité apparent a même été passé entre M. d'Anchald et M. Chevalier,

BIBLIOTHÈQUE IMPÉRIALE IMPR.

mais à la condition tacite, que la retraite de M. de Persigny entraînerait la retraite de M. Chevalier.

Quelque temps après, des différends surgissent entre M. d'Anchald et M. Chevalier. Précisément à cette même époque, le Tribunal consacrait mon droit à la propriété de la gérance, et je profitai de la situation qui m'était faite par cette décision de justice, pour faire cesser le conflit survenu entre MM. d'Anchald et Chevalier.

En conséquence j'intervins entre eux, et, en vertu d'une ordonnance de référé que je sollicitai, je fis nommer M. Chevalier administrateur-sequestre, de façon qu'il réunissait dans ses mains tous les droits de la propriété.

En même temps, M. Chevalier acceptait l'offre que je lui fis d'acquérir mes droits à la gérance; droits affirmés par les statuts de la Société des Journaux et consacrés par le Tribunal. Cette convention fut si précise, que nous désignâmes Mes Lachaud et Paillard de Villeneuve, en qualité d'arbitres chargés de fixer, d'estimer le prix de la propriété dont je proposais de faire la cession; cession que M. Chevalier acceptait.

Ici se place un fait qui vous permettra d'apprécier la nature du débat qui a lieu entre M. Chevalier et moi.

Le jugement qui consacre mon droit à la gérance est du 10 février;

L'ordonnance par laquelle j'ai fait nommer M. Chevalier administrateur-sequestre est du 13 février ;

Et le 16 février ! trois jours après que M. Chevalier a été mis par moi en possession de ma propriété, le Conseil de surveillance prend une résolution ayant pour but de me déposséder de la gérance, sans la payer !

Voilà comment M. Chevalier usait des pouvoirs que je lui avais fait conférer ! M. Chevalier fait plus encore ; afin de faciliter la réalisation de cette décision du Conseil de surveillance, il se rend, *assisté d'un haut fonctionnaire,* auprès de la Compagnie des Chemins de fer Romains , et il sollicite la remise de quinze cents actions de la Société des journaux *le Constitutionnel* et *le Pays ;* actions qui m'appartenaient, dont je suis aujourd'hui en possession ; actions qui n'étaient dans la caisse des Chemins de fer Romains, qu'en garantie d'une somme de 550,000 fr. que cette Société avait avancée.

Il n'est pas indifférent, pour faire apprécier le caractère des faits, de savoir que les 550,000 fr. que M. Chevalier offrait de verser à la Société des Chemins de Fer Romains, en échange des quinze cents actions, étaient fournis par MM. Péreire, dont les relations avec MM. Michel et Auguste Chevalier sont si anciennes et si intimes !...

Ainsi MM. Péreire, qui ont hérité de mes affaires à Marseille, de la Banque et de l'Emprunt ottoman, voulaient encore cette partie de ma succession !

Quant au but que poursuivait M. Chevalier, il suffit, pour s'en rendre compte, de rapprocher la décision du Conseil de surveillance, ayant pour but de me déposséder, des démarches qu'il a faites pour obtenir la remise des quinze cents actions.

Naturellement la décision du Conseil de surveillance m'avait été cachée; dès que je la connus, et que j'appris les efforts de M. Chevalier pour obtenir les quinze cents actions, le doute n'était plus permis sur ses intentions, et je dus le mettre en demeure de s'expliquer relativement à l'acquisition de la gérance qu'il s'était engagé à faire, acquisition pour laquelle des arbitres avaient été nommés.

Cette mise en demeure, qui avait pour témoins MM. Limayrac et Boniface, a eu lieu dans les bureaux du *Constitutionnel*, le vendredi 12 juin.

M. Chevalier me répondit : « qu'il ne voulait à aucun
» prix acquérir ma propriété; qu'il ne demandait qu'une
» chose, quitter le poste qu'il occupait. »

L'exposé qui précède fait déjà pressentir le caractère de cette déclaration, et les faits qui vont suivre fourniront la preuve qu'elle n'exprimait nullement la pensée de M. Chevalier.

Vous savez que la législation française exige l'autorisation préalable du Ministre de l'Intérieur pour tous changements dans le personnel des journaux ; or, le refus que faisait M. Chevalier d'acheter la gérance, me plaçait à la discrétion du Ministre, son protecteur, le jour où aurait été rendu l'arrêt confirmatif du jugement qui dépossédait M. d'Anchald en ma faveur. Ce jour-là, je me trouvais dans l'impossibilité d'utiliser ma propriété sans la permission du Ministre, et en même temps j'étais dans l'impossibilité de la retirer des mains de M. Chevalier, représentant, factotum de M. de Persigny.

Pour échapper à la situation désastreuse où me plaçait la nouvelle résolution de M. Chevalier, c'est-à-dire son refus d'exécuter la promesse qu'il avait faite d'acquérir la gérance, je me déterminai à prendre des arrangements avec M. d'Anchald, et par suite je renonçai au bénéfice du jugement que j'avais obtenu contre lui. Cette renonciation lui conservait purement et simplement la qualité de gérant.

Vous voudrez bien remarquer que le refus fait par

M. Chevalier d'acquérir ma gérance est du 12 juin, et que mes accords avec M. d'Anchald sont du lendemain 13. Il résulte de ces accords, que le débat relatif à la propriété de la gérance, entre M. d'Anchald et moi, ayant cessé, les pouvoirs d'administrateur-sequestre confiés à M. Chevalier prenaient fin. Aussi, le même jour, samedi 13 juin, l'acte authentique qui [consacrait les droits de M. d'Anchald fut-il signifié à M. Chevalier ; par cet acte il était dit que la cause qui avait déterminé sa nomination disparaissant, sa mission devenait sans objet, et que, tout en conservant la direction politique, il eût à cesser d'exercer les fonctions administratives qu'il ne remplissait qu'à titre provisoire.

M. Chevalier était si peu disposé à se retirer volontairement, qu'il refusa d'obtempérer à cette signification. Il voulut qu'une décision de justice intervînt pour le dégager.

Quelque superflu que fût ce désir de M. Chevalier, d'obtenir préalablement une décision de justice, il était facile d'y satisfaire avec son concours ; mais il refusa de le donner, et se réserva au contraire de faire opposition à la réintégration de M. d'Anchald.

Voyez, Monsieur, si j'avais raison de douter de la réalité de ces paroles qu'il prononçait le 12 juin : « qu'il n'aspirait » qu'à abandonner le poste qui lui avait été confié. »

Dans cet entretien, qui suivit la signification faite le
13 et qui eut lieu le dimanche 14 juin en présence de
M. Paulin Limayrac, je poussai si loin le sentiment de
conciliation qui me dirige, que je renouvelai encore à
M. Chevalier l'offre de lui faire cession de la gérance,
mais toujours, bien entendu, après qu'il l'aurait payée et
qu'il aurait désintéressé M. d'Anchald.

M. Chevalier persista dans le refus d'acheter une propriété que cependant il détenait et qu'il paraissait vouloir
conserver !

Si cette explication, qui avait eu pour effet de constater
la résistance opposée par M. Chevalier à la restitution de
la propriété dont il n'était que le dépositaire, n'avait amené
aucun résultat, elle s'était pourtant terminée sans discussion irritante.

C'est le lendemain, le lundi 15 juin, lorsque M. Chevalier avait perdu tout espoir de succès, que s'est
produit l'acte arbitraire, sans précédent, dont vous avez
entretenu vos lecteurs, c'est-à-dire mon exclusion violente
des bureaux par la force publique.

Il était environ cinq heures du soir, je m'étais rendu
dans les bureaux du *Constitutionnel*, comme je le fais
journellement depuis des années ; il paraîtrait que
M. Chevalier avait donné l'ordre de l'avertir dès que
j'arriverais, car à peine étais-je entré que M. Chevalier

sortit sans que je le visse, et sans qu'aucun avis m'eût fait prévoir l'acte dont j'étais menacé, sans qu'aucune explication ait eu lieu, en un mot sans que rien pût me faire soupçonner l'horrible scène qui se préparait, M. Chevalier en sortant s'était hâté d'aller requérir un commissaire et un agent de police. Il se présenta assisté de ces deux agents de la force publique, et m'intima l'ordre de sortir des bureaux. Ne pouvant me rendre compte d'un semblable outrage, je demandai au représentant officiel de l'autorité, en vertu de quel ordre on se permettait, en sa présence, un acte semblable.

Le commissaire répondit qu'il avait éte requis par M. Chevalier pour l'exécution d'un jugement obtenu contre moi, jugement par lequel, d'après ce magistrat, l'entrée des bureaux m'était interdite. Quel était ce jugement? Le croirez-vous, Monsieur? c'était l'ordonnance sollicitée par moi, rendue en ma faveur, dont on osait faire un tel usage ! C'était l'arme que j'avais mise dans les mains de M. Chevalier qu'il dirigeait contre moi! Voilà au moyen de quelle pièce on avait obtenu le concours de la force publique pour m'expulser de chez moi!

Vous pouvez juger avec quelle énergie je protestai contre l'acte abusif, arbitraire, dont j'étais l'objet; cependant, contraint d'obéir à la force, je me retirai, mais en passant devant les bureaux de la rédaction, où étaient

MM. Paulin Limayrac et d'autres rédacteurs, je renouvelai ma protestation ; aussitôt, et sur l'ordre qui lui fut donné, l'agent de police se précipita sur moi avec une telle violence qu'il déchira mes vêtements ; cet agent m'enleva de telle façon que je ne touchais plus terre, et il me jeta violemment à la porte, au risque de me tuer, si je n'avais été retenu par des personnes épouvantées et indignées, devant une agression semblable dirigée contre un citoyen inoffensif.

Je n'ajouterai aucune réflexion à ce récit : je me bornera à dire qu'il défie, par son exactitude, toute espèce de rectification, et qu'il amoindrit plutôt qu'il n'exagère la vérité.

Du reste, pour que vous ayez une idée des sentiments de M. de Persigny, relativement à la propriété de ces journaux, il suffira de vous faire savoir que, depuis le 15 juin, jour où cet acte a été accompli, la police a installé la force armée dans les bureaux du *Constitutionnel*. Les instructions données à ces agents de la force publique consistent à empêcher M. d'Anchald et moi d'y entrer. .

. . . .

Tout cela est bien étrange, n'est-ce pas ? et vous vous demanderez si ces faits se dérouleront devant les tribunaux ? Hélas ! mon hésitation est bien grande, en présence, surtout, du concours si puissant dont dispose

M. Chevalier, puisqu'il peut requérir et disposer, à sa volonté, de la force publique pour un tel usage ! . . .

. . . .

On a souvent signalé quelques faits comme des signes du temps; celui-là sera sans contredit le plus significatif, le plus caractéristique de l'administration de M. de Persigny.

Quoique, depuis l'arrivée de M. Boudet au ministère de l'Intérieur, la force armée. soit maintenue dans les bureaux du *Constitutionnel*, il ne faut pas perdre de vue que le nouveau Ministre n'a pu encore être exactement renseigné; mais je ne doute pas que bientôt justice ne soit faite, grâce à l'esprit d'équité dont M. Boudet a constamment donné des preuves dans les hautes fonctions qu'il a exercées.

En vous remerciant, d'avance, de l'accueil que vous voudrez bien donner à ma juste réclamation, je vous prie d'agréer l'expression de mes sentiments les plus distingués.

J. MIRÈS.

Paris, le 2 juillet 1863.

Paris. — Imp. Vallée, 15, rue Breda

www.ingramcontent.com/pod-product-compliance
Lightning Source LLC
Chambersburg PA
CBHW061454050726

47593CB00004B/1605